QUATRE JOURS DE PRISON

SOUS LA COMMUNE

PARIS. — IMPRIMERIE ET FONDERIE SERRIERE ET C°
123, rue Montmartre, 123

M. I. ROUSSET

Rédacteur en chef du *National*

QUATRE JOURS DE PRISON

SOUS LA COMMUNE

PAR

G. RICHARDET

RÉDACTEUR DU *National*

PARIS

IMPRIMERIE ET CLICHERIE SERRIERE ET Cᵉ
Rue Montmartre, 123
—
1871

QUATRE JOURS DE PRISON

SOUS LA COMMUNE

I

Jeudi, 6 avril.

Les sinistres polichinelles qui se prélassent dans les fauteuils de l'ex-préfecture de police ont imaginé, sous prétexte de parodier les hommes de la grande Révolution, de conjuguer le verbe :

Je t'arrête,

Tu m'arrêtes,

Il t'arrête !

Et ils passent, en effet, une partie de leur temps à s'arrêter les uns les autres.

Il y a quelques jours, la commission de sûreté générale incarcérait les illustres citoyens Assi, Lullier, Bergeret, etc., sans égards aucuns. Ils n'étaient ni hommes ni femmes : tous membres du Comité central.

Les arrestations continuèrent; on arrêta l'archevêque de Paris, les prêtres, les professeurs, puis le menu frétin : les journalistes.

Il n'y a qu'une chose que la commission de sûreté générale oublie de faire arrêter : les habitants des carrières d'Amérique.

Jeudi 6 avril, j'allais à la Préfecture de police, en toute innocence, réclamer un laissez-passer, afin de me faciliter les courses nécessitées pour le service du journal auquel j'ai l'honneur d'appartenir, le *National*, sans songer que ce journal était réputé réactionnaire par les citoyens de l'ex-préfecture et que j'allais bénévolement me jeter dans la gueule du loup.

Bien mal m'en prit, comme vous l'allez voir.

Ayant fait passer ma carte au citoyen Rigault, j'entrai dans une grande pièce où se trouvaient plusieurs jeunes gens.

Ne sachant auquel m'adresser—faute d'avoir l'honneur de connaître aucun de ces messieurs — je m'approchai de celui qui portait le plus de galons. Il était en train de causer avec une charmante dame vêtue de noir.

— M. Raoul Rigault, s'il vous plaît? demandai-je.

— C'est moi. Est-ce vous qui êtes le citoyen Richardet, rédacteur du *National?*

— Oui, monsieur.

— C'est bien; on va s'occuper de vous. Asseyez-vous.

Et le monsieur couvert de tant de galons, qui, je venais de l'apprendre, était le citoyen Raoul Rigault, continua, tout en rajustant son pince-nez et se caressant la barbe, à causer avec la jolie dame.

Je m'assis et examinai attentivement notre nouveau directeur de l'ex-préfecture de police.

C'est un tout jeune homme — vingt-quatre ans au plus — de taille moyenne, les yeux à demi fermés, le nez n'ayant rien d'aquilin et la barbe châtaine peu rébarbative.

Et c'est ce jeune galonné qui paraît vouloir jouer au Marat !

C'est lui qui, il y a un an à peine, écrivait, dans une feuille de chou quelconque, qu'il ferait couper trois cent mille têtes s'il était jamais au pouvoir.

J'ajoute en toute conscience — car je ne puis prendre ce monsieur au sérieux — que c'était tout au plus une gasconnade écrite pour effrayer les bons bourgeois.

M. Rigault, j'en jurerais, est parfaitement incapable de faire du mal à une mouche.

Il fera peut-être arrêter beaucoup de monde encore, mais ne tuera personne.

Dans la même pièce se promenaient deux ou trois autres galonnés, portant de grandes bottes avec des éperons formidables; les uns s'assuraient que leur sabre jouait bien dans le fourreau, les autres armaient des pistolets et fourraient des cartouches dans leurs poches.

*

Ils parlaient d'aller à Levallois-Perret *en voiture*.

Pourquoi alors porter de si grands éperons ?

J'en étais à me poser cette question, lorsque, tout sautillant, un nouveau personnage, très petit, très pâle et très barbu, fit son entrée.

En le voyant, le citoyen Rigault daigna interrompre sa conversation, et, me montrant du doigt au nouveau venu, dit :

— Ferré, voilà un rédacteur du *National*.

Cette manière de me présenter me parut assez... bizarre, — ma plume voudrait écrire grossière — car je ne connaissais pas assez le citoyen Rigault pour lui permettre de ces licences, d'autant moins que nous n'avions jamais gardé la Commune ensemble.

Le petit monsieur s'approcha de moi.

— Vous vous appelez ?

— Richardet.

— Vous êtes rédacteur du *National ?*

— Oui, monsieur.

Sur cette réponse, il se retourne vers un garçon de bureau :

— Faites entrer deux hommes armés.

Puis s'adressant de nouveau à moi :

— Vous désirez ?

— Un laissez-passer.

Il s'assit à une table, écrivit rapidement deux lignes sur une feuille de papier timbré du sceau de la Préfecture, et me désignant d'un geste théâtral aux soldats-citoyens qui venaient d'entrer, il dit ;

— Gardes, emparez-vous de cet homme et conduisez-le au Dépôt.

Sans autre préambule, me voilà conduit au Dépôt, où un monsieur me reçoit au guichet, me demande mon nom, ma profession, etc., donne aux gardes nationaux un reçu de la livraison et m'envoie dans un petit endroit où l'on me fouille très proprement, m'enlevant couteau, ciseaux et tous autres instruments tranchants, perçants ou contondants que je puis avoir sur moi.

On me met ensuite sous le bras la moitié d'un pain noir, puis l'on me conduit au greffe.

— De quel crime êtes-vous accusé?

— Vous pourriez peut-être me le dire; pour moi, je n'en sais rien.

— Ah! vous êtes encore un prisonnier politique. Il en pleut, décidément.

— Vous en avez donc beaucoup?

— Parbleu, je crois bien, on ne sait plus où les mettre. Nous avons eu, hier, monseigneur Darboy, et, aujourd'hui, on nous a amené plus de cent-cinquante curés.

— Allons, je vois que je ne serai pas en trop mauvaise compagnie.

— Qui donc vous a fait arrêter, monsieur?

— Le citoyen Ferré.

— Ah!.... un terrible celui-là. Il ferait arrêter jusqu'à son père.

— C'est peu flatteur pour lui. Pourrai-je écrire à ma famille, à mes amis, pour les prévenir de mon arrestation, afin que l'on fasse immédiatement des démarches pour me faire relâcher?

— Non, monsieur, cela est impossible. J'ai ordre de vous tenir au secret le plus rigoureux.

— Sacrebleu, c'est bien gênant. Comment, je ne puis envoyer chez moi demander un peu de linge et d'argent ?

— Vous vous arrangerez avec le commissionnaire.

Puis le greffier m'inscrit sur le grand registre d'écrou, me fait passer sous la toise, remarque qu'il a rarement vu de prisonniers aussi longs que moi (1 mètre 85), et, me donnant un morceau de tôle grand comme la main, sur lequel est peint en blanc le chiffre 144, m'envoie dans la cellule portant ce numéro.

Tout ceci s'était passé dans l'espace d'une demi-heure, et je n'étais pas revenu de ma surprise, de l'espèce d'étourdissement où me jetait cette aventure, que je me trouvais bien et dûment verrouillé dans ma prison.

C'est une petite chambre, haute et large de deux mètres et demi, et longue de cinq mètres tout au plus.

A la fenêtre sont scellés huit gros barreaux de fer. A la porte un petit guichet, percé d'un trou au milieu, ce qui lui donne un faux air d'œil de la Providence.

A droite, scellée au mur, se trouve une table, puis un escabeau de bois enchaîné à la muraille.

A gauche, un lit de fer, également vissé au plancher.

Le lit est composé d'un peu de paille dans une grossière toile, d'un matelas de laine et de deux couvertures. Pour oreiller, un rouleau de je ne sais quoi. Quant aux draps, absence totale.

Près de la fenêtre, un poêle en fonte, sur lequel est un gobelet en fer.

A côté de la porte, le seau d'eau traditionnel et le...

Après avoir fait l'inspection de ma nouvelle habitation, je demande du papier et tout ce qu'il faut pour écrire, et j'envoie coup sur coup deux lettres à mon directeur, pour le prévenir de mon arrestation, le priant d'avertir ma mère à laquelle on m'avait refusé l'autorisation d'écrire.

On m'apporte à manger une sorte d'eau de vaisselle qui, avec la prétention d'être de la soupe au riz, a un fumet de chandelle caractérisé.

Je n'y touche pas, et me fais apporter de la cantine une affreuse petite côtelette noire et dure comme l'âme de monsieur Veuillot, — si tant est qu'il en ait une, — côtelette que l'on me fait payer très cher, chose peu surprenante ; je la mange avec mon pain noir et beaucoup d'appétit, arrosant le tout d'un petit vin bleu assez raide.

La nuit venant, trouvant le lit d'une propreté douteuse, et ayant surtout grande frayeur de certains animalcules que l'on m'a toujours affirmé fréquenter de préférence ces lieux où je me trouvais bien malgré moi, je me décide à passer la nuit sur mon escabeau.

Mais au bout de deux ou trois heures écoulées dans une position insoutenable, le froid et la lassitude aidant, je me résigne à me jeter, enveloppé dans mon par-dessus, sur l'espèce de lit qui m'est échu.

Ah ! la funeste idée que j'ai eu là !

A peine installé, un fourmillement étrange se produit sur mes jambes, puis sur le reste du corps, fourmillement suivi de morsures cuisantes.

Je n'y tiens plus ; je me lève, et trouvant dans mes poches quelques allumettes, je me mets à la recherche de mes ennemis.

Horreur ! j'aperçois sautant, rampant, grouillant, des cohortes de ces puces noires et allongées que nos soldats ont, dit-on, rapportées du Mexique. Il paraît, du reste, que c'est, avec les obligations mexicaines, la seule chose que nous ait valu cette expédition lointaine.

Je me promène le restant de la nuit, maudissant de bon cœur les citoyens Rigault, Ferré, et surtout l'expédition du Mexique.

II

Vendredi, 7 avril.

On ne peut passer sa journée et sa nuit à se promener. Aussi le matin, vers six heures, malgré une cuisante perspective, je me hasarde à me jeter sur le lit.

Chose bizarre! est-ce l'effet de la lumière, ou ces petites bêtes ne me trouvent-elles plus de leur goût? elles me laissent tranquille, et je peux dormir deux ou trois heures.

En m'éveillant, je trouve sur la tablette, derrière le guichet, un pain et une gamelle contenant un liquide quelconque, sans nom, mais non sans odeur.

J'attends patiemment, sans y toucher, que le cantinier vienne à passer, et, comme la veille, il me remet à déjeuner, toujours sans couteau, sans cuiller et sans fourchette.

La première fois j'avais cru à un oubli et je ne m'en étais pas trop préoccupé, mais cette fois je réclamai avec énergie.

Le cantinier voulut bien prendre la peine de m'expliquer que l'on ne donnait ni fourchette ni couteau aux prisonniers, de peur d'accident.

Rien ne me répugne autant que de manger avec les doigts.

Ce n'est pas que cela soit précisément sale, mais, n'en déplaise aux Asiatiques, cela manque de charme, et c'est gênant.

Toutefois, à force de supplications, le cantinier voulut bien condescendre à me vendre, moyennant deux sous, un superbe eustache que je garde sous cloche comme un souvenir précieux.

Ma nourriture une fois prise et, ayant écrit lettres sur lettres au juge d'instruction, je fis l'inspection des murs de ma cellule, afin de tuer le temps, qui commençait à me sembler terriblement long.

Il y avait beaucoup d'inscriptions sur ces murailles.

Il y en avait de toutes sortes, d'égrillardes, de gaies, de tristes, d'humoristiques, d'obscènes, de bonnes, de mauvaises et de pires. A dire le vrai, ce qui valait le mieux ne composait pas la majorité dans cette cellule, tout comme dans certaines Assemblées que chacun pourrait désigner.

Des prisonniers allemands avaient dû séjourner entre ces quatre murs, car je remarquai plusieurs inscriptions dans la langue de Gœthe, pouvant toutes ou presque toutes se résumer ainsi :

La Prusse est la première nation du monde.

Paris caput !

Je copie sur mon calepin quelques-unes des réflexions qui me paraissent originales.

Si la rime de celle qui suit n'est pas millionnaire et la versification très orthodoxe, on pardonnera facilement à l'auteur, car c'est la plainte d'un pauvre diable arrêté comme Prussien :

Français comme vous tous, enfant de la Bourgogne,
De nos vils assassins l'ennemi le plus juré,
Malgré mon sang, mon nom, ma rubiconde trogne,
Je fus, comme Prussien, dans ce cachot coffré.

BÉJUS, CHARLES.

Je remarque, d'après la plupart des inscriptions, que tout le monde prétend être innocent. Il n'y a guère qu'un ou deux individus qui se reconnaissent coupables et repentants, et encore avec une orthographe tellement fantaisiste, que leur repentir me paraît sujet à forte caution.

Au-dessous l'une de l'autre se trouvent ces deux exclamations :

Que la nuit est longue au coupable qui songe à son crime !

Oh ! que la nuit est longue à l'innocent qui souffre !

Je me suis imaginé de suite que ce n'était ni l'innocence ni le remords qui avaient dû faire paraître si longue la nuit à mes prédécesseurs, mais bien plutôt les puces mexicaines.

Un axiome qui n'est pas de nature à plaire à tous les négociants, se trouve au-dessus de la table :

Le vol est la plus grande branche du commerce.

Il y a un peu de vrai là-dedans.

Plus loin se trouve un aphorisme que tout bon citoyen devrait bien se graver dans le cervelet :

La boisson a toujours été nuisible à l'homme.

Signé : SEIGNEURET.

Le citoyen Seigneuret a dû passer ici quelques heures à cuver son vin, et en se réveillant il n'aura trouvé rien de mieux à faire que de s'en plaindre aux murailles innocentes, mais probablement sans mettre en pratique cette vérité si noblement exprimée, et qu'il aura oubliée en sortant de là.

Mon inspection me prit une partie de la journée ; à trois heures, on me conduisit à la promenade dans une fosse entourée de hauts murs, fosse longue de vingt pas et large de cinq, et qui s'appelle prétentieusement *la cour.*

En me trouvant seul là-dedans, je compris pourquoi l'ours Martin se dodeline continuellement dans sa fosse, à la grande joie des militaires et des bonnes d'enfants, et, invinciblement, je me comparais à cet intéressant animal.

Au bout d'une heure de promenade, les prisonniers rentrent, on leur apporte à manger, et ce soir-là on alluma un bec de gaz dans ma cellule.

Un gardien complaisant me prêta le vingt-unième volume du *Magasin pittoresque*, et je passai une soirée assez convenable.

Vous voyez qu'il faut peu de chose pour me contenter.

A neuf heures, on éteignit le bec de gaz, et je me livrai en pâture aux insectes.

III

Samedi, 8 avril.

La troisième journée est aussi monotone que la seconde.

J'écris de nouveau au juge d'instruction, demandant un interrogatoire.

Un peu avant midi, nn petit monsieur, fortement grêlé de la petite vérole, à barbe rousse, entre brusquement dans ma cellule et me demande si j'ai besoin de quelque chose ou une réclamation à adresser.

— Des réclamations !... mais je ne fais que cela. Je ne désire qu'une chose, sortir d'ici au plus tôt. Toutefois, si je dois encore rester quelques jours, je vous prierai de me faire donner une paire de draps.

— Des draps ?... et pourquoi faire ? vous ne serez

plus longtemps ici ! Vous êtes un ôtage. Ces canailles de Versaillais fusillent nos prisonniers, nous allons le leur rendre. On va tirer au sort d'ici à un jour ou deux, et vous aurez peut-être la chance d'en être. Vous n'avez donc pas besoin de draps.

— Vous êtes bien bon, et la façon aimable avec laquelle vous m'apprenez mon sort probable me comble de joie. Toutefois, si c'était un effet de votre bonté, faites-moi donner une paire de draps. Je paierai ce qu'il faudra.

— Cela ne me regarde pas, c'est l'affaire du brigadier.

Et le monsieur, fortement grêlé et à barbe rouge, s'en va.

Un peu plus tard, le brigadier faisant sa tournée, je lui réclame une paire de draps qu'il m'apporte, moyennant huit sous.

C'est le tarif de la maison.

Sur le soir, en revenant de la promenade, un collègue en détention me passe furtivement un numéro de la *Gazette de France*. Rentré dans ma cellule, je me précipite sur la prose de l'innocente feuille, et j'apprends avec une stupeur mêlée d'effroi que je suis arrêté, au dire de la *Gazette*, comme écrivain RÉACTIONNAIRE !

Réactionnaire !... vrai !... le mot est joli, et j'en ai ri comme une petite folle pendant deux heures.

Depuis tantôt dix ans que j'ai l'honneur d'appartenir au journalisme, j'ai toujours combattu pour la cause de la démocratie.

Le ministère Forcade et le ministère Ollivier se

sont fait un devoir de me condamner à plusieurs reprises, et de supprimer les quelques journaux que j'ai fondés à Paris, parce que dans toutes ces feuilles j'affirmais le principe démocratique de la souveraineté du peuple, et j'écrivais que la République seule était notre espoir, notre avenir, notre salut.

Réactionnaire!...— le mot me faisait l'effet d'un paradoxe!—moi qui ne suis ni un républicain de la veille ni un républicain du lendemain, parce que je suis né républicain, puisque j'ai été élevé et que j'ai passé une partie de ma vie dans une République sage et honnête : la Suisse !

Moi!... réactionnaire!...

Il ne s'agit, après tout, que de s'entendre sur la valeur du mot.

Oui, je suis *réactionnaire,* si ce mot veut dire républicain sincère, ami du progrès sans révolution sanglante, ami de l'ordre avec la liberté.

A ce compte-là, je veux bien être réactionnaire et j'accepte l'épithète avec orgueil.

J'eus pour parrains dans la vie politique deux hommes que messieurs de la sûreté générale appelleraient des réactionnaires aujourd'hui et qui furent pourtant de sincères et honnêtes républicains : le colonel Charras et Ferdinand Flocon.

Tous deux je les ai connus en exil, tous deux je les ai entendu plus d'une fois parler de leur idéal, du rêve de toute leur vie : la République française. Mais jamais ils ne l'ont comprise comme les jeunes fous qui nous conduisent à l'abîme où ils entraîneraient la République avec eux, si on ne les arrête à temps.

IV

Dimanche, 9 avril.

Je ne sais pourquoi, en m'éveillant ce matin, jour de Pâques, un riant souvenir traverse mon esprit.

Il y a un an, nous étions, en compagnie de quelques confrères, à Suresnes, mangeant une friture arrosée

Du petit vin de Suresnes,

comme dit la chanson.

A ce gai souvenir, une douce espérance s'infiltre dans mon âme, et je vais à la promenade le cœur joyeux.

Tout en tournant et retournant dans la fosse qui me sert de promenoir, je songe à cette journée de Pâques de l'an dernier, passée à Suresnes si gaiement, et dont je célèbre tout seul cette année, et d'une triste façon, l'anniversaire.

Comme le temps s'enfuit vite, surtout en songeant au passé !... L'heure de rentrer est venue, et je ne m'en aperçois qu'au bruit du verrou qui m'ouvre la porte de la fosse.

Je rentre dans les couloirs et, au moment de monter l'escalier pour retourner dans ma cellule, je me trouve nez à nez avec un gros monsieur qui pousse un cri de surprise.

— Tiens ! Richardet !!... Qu'est-ce que tu fais ici ?

— Et toi ?

— Moi ?... je suis substitut de Protot.

— Alors, tu vas me faire relâcher ?

— Pourquoi es-tu détenu ?

— Je n'ai jamais pu le savoir.

— Viens avec moi auprès du juge d'instruction.

Et mon ami Desesquelles, un des gais compagnons de la petite fête de Suresnes de l'an dernier, me donne le bras, et nous nous en allons chez le juge d'instruction, qui, après m'avoir interrogé, me dit :

— Je vois qu'il y a encore eu une erreur. Je vais vous faire relâcher.

Au même instant arriva le sieur Ferré, celui qui m'avait fait arrêter. D'accord avec le juge d'instruction, il ordonna immédiatement ma mise en liberté, en me présentant ses excuses.

— Que voulez-vous ? me dit le citoyen Ferré, au moment où vous arriviez, nous avions ordre d'arrêter les journalistes ; vous êtes arrivé à point, comme la souris dans une souricière. J'en suis désolé pour vous, car j'ai appris que vous étiez un excellent républicain qui aviez combattu vaillamment sous l'empire pour la démocratie. Je regrette cette erreur, mais vous nous le pardonnerez, n'est-ce pas ?

On dit généralement que la sauce fait passer le poisson ; mais je crois que les excuses du citoyen Ferré n'effaceront pas le souvenir que je garde des quatre jours passés à la Préfecture.

On me rendit ce qui m'avait été confisqué, et, emportant soigneusement mon eustache de deux sous, je me hâtai de quitter ce lieu peu habitable et trop habité.

Le premier usage que je fis de ma liberté fut de me plonger dans un bain sulfureux, dont j'avais le plus grand besoin.

A peine arrivé sur le boulevard, je rencontrai un ami qui, me félicitant sur ma mise en liberté, m'apprit que, malgré toutes les démarches tentées pour me faire sortir, on n'avait pu réussir, parce que j'avais été arrêté porteur d'une chemise à jabot !...

J'avais cru que la cause de mon arrestation était ma qualité de rédacteur du *National*, j'étais dans une erreur aussi profonde... que le puits de Grenelle.

L'ami que je venais de rencontrer a des amis haut placés à l'ex-préfecture de police, et il m'affirma tant et si bien son dire, que je finis par être convaincu.

Parmi les quelques chemises que je possède se

trouve — je l'avoue à ma grande confusion — une chemise à jabot.

D'où provient-elle ?

Je serais fort embarrassé de le dire.

Toujours est-il que, par le fait du hasard ou de la blanchisseuse, jeudi, ma chemise à jabot m'est tombée sous la main et je l'ai endossée, ne me doutant pas que je jouais peut-être ma tête à porter ce vêtement aussi indispensable que tuyauté.

A quoi tiennent les destinées !… je vous le demande.

Cette révélation m'a fait sérieusement réfléchir, et jetant ma chemise à jabot aux orties, je me suis promis d'écrire, dès que j'en aurais le temps, un in-folio traitant : *De l'influence des chemises à jabot sur la vie d'un journaliste, et de la perturbation qu'elles peuvent jeter dans la vie sociale et politique d'un peuple.*

Je ne désespère point d'obtenir, avec cet ouvrage, un prix Gobert à l'Académie de Quimper-Corentin ou ailleurs ; mais je ne suis pas encore assez pénétré de mon sujet pour commencer ce gigantesque travail, en étant seulement à me demander : Comment il peut se faire que messieurs de la sûreté générale trouvent si condamnable un républicain porteur d'une chemise à jabot, lorsqu'ils sont eux-mêmes chamarrés de galons au point de les faire prendre pour des suisses de bonne maison ?

Ceci est une simple affaire d'appréciation, je le sais ; mais, afin d'éviter à mes concitoyens les ennuis que j'ai subis, je leur conseille de laisser, pour quelque temps du moins, leurs jabots dans leurs tiroirs.

Je suis nâvré d'apprendre que c'est une cause aussi futile qui m'a fait passer quatre jours au Dépôt.

J'avais caressé un instant cette douce illusion : que les innombrables articles écrits jadis par moi dans le *National,* pour défendre les accusés du procès de Blois (qui ne sont autres que ces messieurs de l'ex-préfecture), m'avaient assez fait remarquer d'eux pour qu'ils jugeassent utile de faire de moi un otage.

Mais, patatras ! tout mon échafaudage de suppositions s'écroule devant la révélation que m'a faite mon ami, et mon amour-propre est justement humilié.

Quoi qu'il en soit, les membres du Comité de sûreté générale ont jugé convenable de me faire passer ma semaine sainte entre quatre murs humides et froids.

Je ne leur en veux pas trop pour cela.

Mes sentiments démocratiques sont toujours les mêmes, et la température du cachot n'a influé en rien sur mes opinions politiques.

J'en connais plusieurs actuellement au pouvoir, qui n'en pourraient dire autant.

Paris, 10 avril 1871.

PARIS. — Imp. SERRIERE et Cᵉ, rue Montmartre, 123.